독도 지도와
혹돔의 시간대별 하루 일정

혹돔은 규칙적으로 하루를 보내요.
동틀 무렵 일어나 혹돔굴을 나서지요.
하루 동안 독도 한 바퀴를 돌고요,
저녁 해 질 무렵에는 혹돔굴로 돌아와요.
마치 독도를 지키는 파수꾼처럼요.

닭바위
우산봉
천장굴
한반도바위
동도
독도영토 표석
독도 경비대
독도 등대
15:00
독립문바위
얼굴바위
해녀바위
17:00

바다에서 과학을

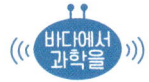

'바다에서 과학을' 시리즈를 시작하며

지구에서 가장 마음이 넓은 것이 무엇일까요?
모든 것을 받아 주는 바다입니다.
지구에서 우주와 가장 친한 것은 무엇일까요?
언제나 달과 대화하는 바다입니다.

여름이면 우리를 즐겁게 해 주고, 지구 반대편까지 물건을 실어다 주는 바다.
바다는 한없이 넓고 깊지만, 사람은 아가미가 없어서 바다에 쉽게 들어갈 수 없습니다. 그럼에도 용기와 지혜로 바다의 비밀을 연구하는 사람들이 있습니다.
한국해양과학기술원에 그런 사람들이 모여 있습니다.

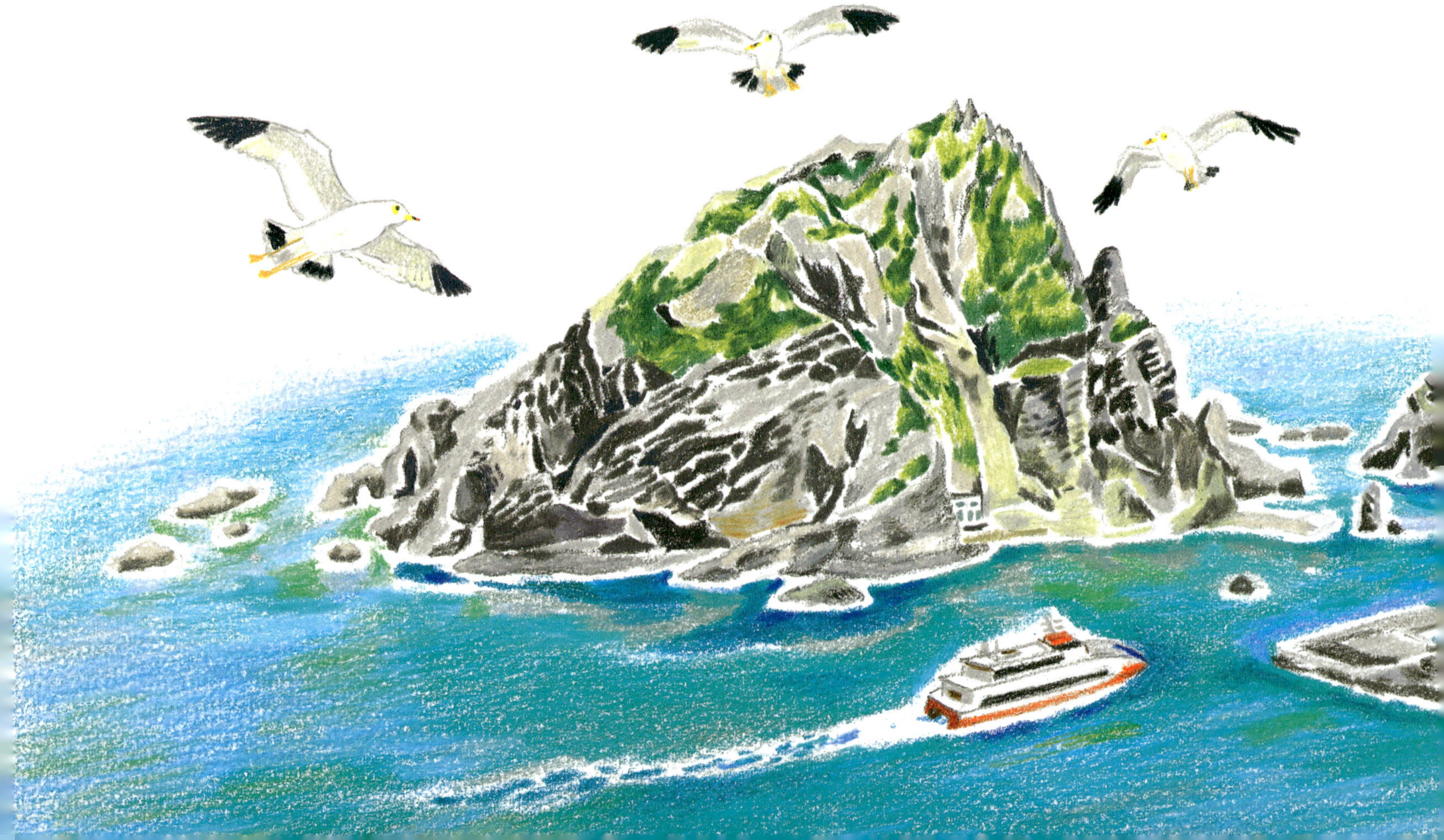

지도를 보면 우리나라는 동쪽과 남쪽과 서쪽, 삼면이 바다이고, 그 바다에는 수많은 섬과 세계에서 가장 다양한 갯벌이 있습니다. 한국해양과학기술원의 연구자들이 알아낸 바다는 놀랍고 특별해서 한시라도 빨리 어린이 여러분에게 선물하고 싶었습니다. 어린이 여러분에게 더 아름답고 신기한 바다를 알려 주고 싶어서 훌륭한 작가님, 출판사 선생님 들과 머리를 맞대었습니다.

'바다에서 과학을' 시리즈는 해양 과학 탐사 기술로 알아낸 진짜 바다를 담고 있습니다. 책 속에 담긴 바다의 선물을 여러분이 담뿍 받아 주면 좋겠습니다. 그리고 이 책은 초대장이기도 합니다. 언젠가는 여러분이 직접 바다로 들어가 새로운 비밀을 알아내 주기를 기다리겠습니다.

한국해양과학기술원장

너의 손, 참 야무지구나.
주먹을 한번 쥐어 보렴.
야구공만 하니? 사과만 하니?
내 이마에 네 주먹만 한 혹이 있단다.
아주 크고 멋지지.

나는야 깊고 푸른
동해 한가운데
독도를 지키는 터줏대감!
나를 따라 독도 한 바퀴
돌아볼래?

독도
바닷속으로 와 볼래?

명정구·안미란 지음 이승원 그림

봄봄

우리나라에 가장 먼저 아침 해가 뜨는 곳,
독도에 날이 밝으면 나는 잠에서 깨어 흑돔굴 밖으로 나가.
와그작 빠그작 딱딱한 소라를 깨부숴 먹으면 아침 식사 끝.
슬슬 코끼리바위부터 돌아볼까.

독도가 저 멀리 작고 외로운 섬이라고?

독도는 작지 않아. 높디높은 해저산의
제일 꼭대기, 송곳처럼 뾰족한 데만 보니까 그렇지.
알고 보면 바다 밑으로도 2000미터나 내려가.
나란히 놓고 보면 한라산보다 높은걸.
화산이 폭발하고 파도와 싸우면서 비바람에 깎여
어마어마한 세월을 버텨 온 거대한 바위산인걸.
바다 위로는 동쪽 섬 서쪽 섬 뾰족한 돌섬만 보이는데,
바닷물 아래에 거대한 산과 암초를 숨겨 놓았지.

독도는 어디 있나요?

대한민국의 제일 동쪽 끝은 어디일까요? 바로 독도입니다. 독도는 한반도 육지인 경상북도 울진군 죽변에서 동쪽으로 216.8킬로미터나 떨어져 있어요. 배를 타고 울릉도까지 가서 다시 배를 타고 몇 시간이나 더 가야 할 만큼 멀어요.
독도는 동쪽 섬과 서쪽 섬 두 개가 바다 위로 솟은 돌섬인데, 주변에는 암초가 89개쯤 더 있어요. 독도의 동도에는 등대와 독도 경비대의 숙소가 있어요. 주민 숙소가 있는 서도는 매우 험하고 가파른 곳이 많아요.

독도는 어떻게 생겨났어요?

우리나라 동쪽 바다에는 남해나 서해에 비해 섬이 많지 않아요. 그런데 뭍에서 뚝 떨어진 먼바다에 우뚝 솟은 울릉도와 독도는 어떻게 생겨났을까요? 아주 오랜 옛날 화산이 폭발했고 그 거대한 화산이 깎여서 탁자처럼 평평해졌어요. 그 평평해진 화산체의 꼭대기 부분만 바다 위로 모습을 드러낸 게 독도와 울릉도입니다. 독도와 울릉도 주위에는 안용복해산, 이사부해산, 심흥택해산이라는 거대한 바닷속 산 세 개가 자리잡고 있어요.

울릉도

안용복해산

독도의 터줏대감, 혹돔

혹돔은 몸집이 90센티미터 정도, 여러분의 교실 책상의 가로 길이만 해요. 물고기치고는 꽤 큰 편이지요. 보통 '돔'이라고 부르는 물고기들은 납작한 타원 형태로 생겼어요. 그에 비해 혹돔은 통통해요. 사실 돔 종류가 아니라 놀래기과에 속해서 그래요.
어린 혹돔은 몸 옆면에 기다란 흰색 줄무늬가 눈 뒤에서 꼬리자루까지 이어져 있어요. 자라면 흰 줄은 사라지고 몸 빛깔이 점점 짙어지지요. 수컷은 이마에 사과만 한 혹이 생기고요.
이 책에 나오는 혹돔 영감은 태어난 지 20년이 넘었어요. 다른 물고기보다 비교적 오래 살기 때문에 독도 바다 환경이 변하는 걸 쭉 보아 왔답니다. 혹돔은 매우 규칙적으로 하루를 보내며, 자주 만나는 해양 과학자를 기억할 만큼 머리도 좋다고 해요.

독도는 외롭지 않아.
울창한 바다 숲이 있고 숱한 생명이 사는걸.
흩날리는 눈꽃처럼 몰려드는 어린 줄도화돔 떼를 봐.
남쪽 바다에서 흘러오는 따스한 바닷물에 저 조그만 몸을
맡기고 수백 킬로미터를 여행해 오는 아이들이지.
따스한 바닷물의 흐름을 따라와 차가운 바닷물의 흐름과 만나,
모이고, 휘돌고, 다시 흘러 떠나는 와글와글 흥겨운 곳이지.

작고 외로운 섬이 아니라 크고 풍요로운,
그 이름은 독도.

보찰여를 지나 똥여로, 다시 물골로 가 볼까.
가는 내내 많은 친구를 만나지.
바위게, 전복, 갯민숭달팽이…….
"안녕하세요? 혹돔 영감님!"
멋쟁이 용치놀래기야. 나도 웃으며 인사했어.
"오늘도 친구들 이름을 불러 볼까."

한바탕 웃었지만, 속으론 슬퍼.
불러도 불러도 대답 없는 이가 있거든.

개볼락 도화볼락 누루시볼락
전갱이 조피볼락 불볼각 볼락
놀뱅이 쥐노래미 벵에돔 방어
자리돔 흰줄망둑 파랑돔 창치
미역치 가시망둑 망상어 쥐치!
그중에 제일은 바로 나, 그치!

나지막하게 그 이름을 부르며 가제바위 쪽으로 헤엄쳐 볼래.
"강치야, 강치야, 독도 강치야."
강치는 독도에 살던 바다사자야.
옛날 울릉도 사람들은 '가제'라고 불렀어.
독도 주변의 크고 작은 암초는 가파르고 뾰족하지만
가제바위는 넓고 평평해서 강치 무리가 한가롭게 누워 쉴 수 있었대.
만 마리 이상 살았다는 기록도 있다는데,
그 많던 강치는 다 사라져 버렸어.

바닷물 아래 잠긴 큰가제바위와 작은가제바위의 벽은
수직으로 깎아지른 절벽 같아서 물살이 아주 세단다.
세찬 물살을 따라 누운 모자반이 보이니?
마치 바다 여신의 머리칼 같아.
긴가지해송, 해송.
소나무같이 생긴 해송은 정말이지 멋져!
여기서는 물살에 맞서 힘차게 헤엄치는
벵에돔과 방어, 부시리 무리를 만날 수 있어.

무성한 감태, 대황, 모자반 숲을 헤치고
탕건봉 앞으로 가 보자. 반가운 얼굴이 보이네.
"아기 파랑돔아, 안녕?"
새파랗고 자그마한 파랑돔이 예전보다 많이 보여.
"우리 파랑돔은 따스한 바다가 좋아요. 이곳은 여름을 지내기 알맞아요."
"허허, 바닷물 온도가 점점 올라가고 있어서 그런가?"
멀리 문어가 돌 위에 대감처럼 앉아 있어.
나처럼 어린 물고기들을 바라보고 있군.
다시 겨울이 오면 파랑돔은 사라지고 또 다른 물고기들이
이곳으로 옮겨 오겠지. 만나고 떠나고.
독도 주변은 그냥 잔잔한 바다가 아니라 회오리처럼
휘돌아 흐르는 물이거든.

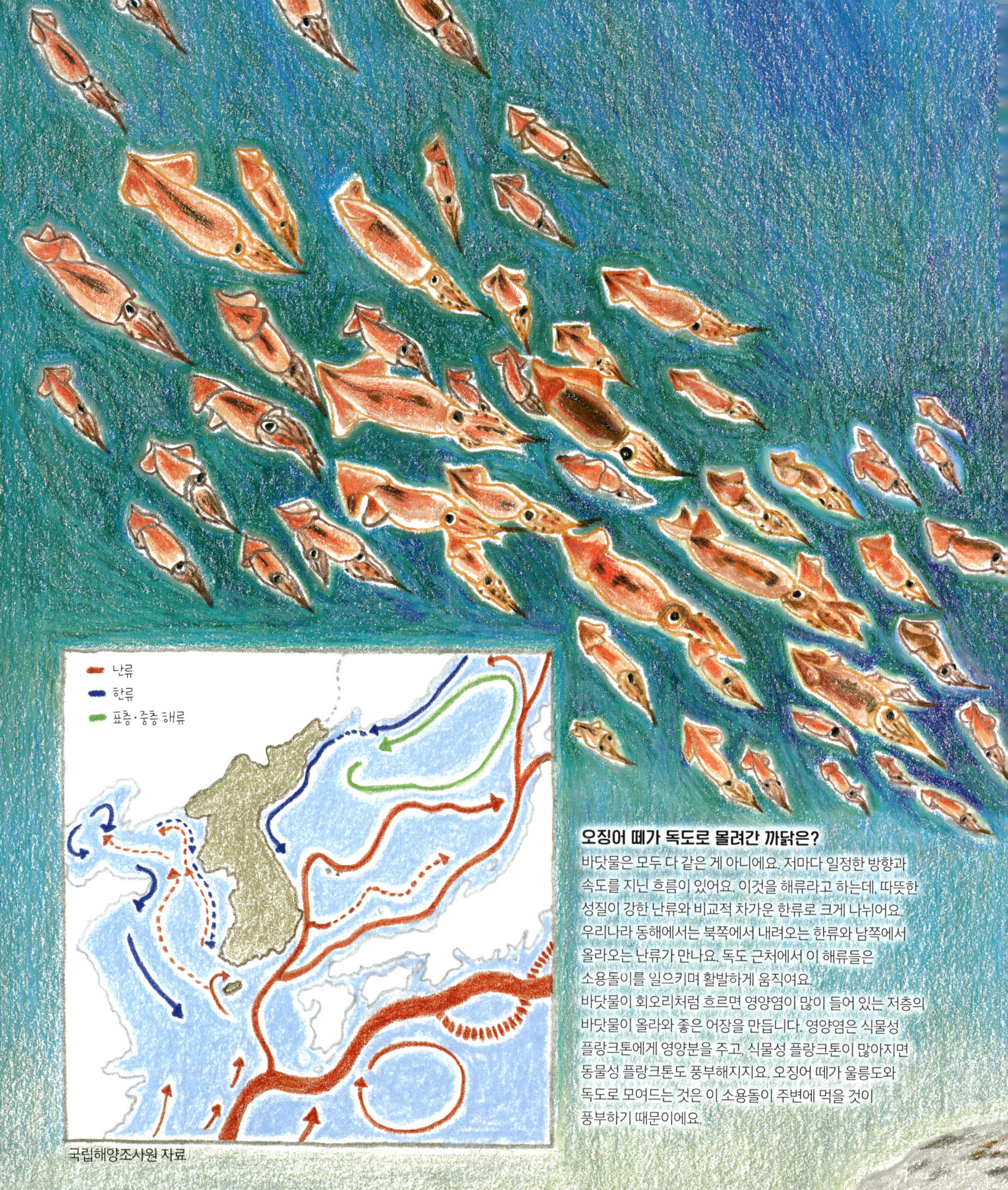

오징어 떼가 독도로 몰려간 까닭은?

바닷물은 모두 다 같은 게 아니에요. 저마다 일정한 방향과 속도를 지닌 흐름이 있어요. 이것을 해류라고 하는데, 따뜻한 성질이 강한 난류와 비교적 차가운 한류로 크게 나뉘어요. 우리나라 동해에서는 북쪽에서 내려오는 한류와 남쪽에서 올라오는 난류가 만나요. 독도 근처에서 이 해류들은 소용돌이를 일으키며 활발하게 움직여요.
바닷물이 회오리처럼 흐르면 영양염이 많이 들어 있는 저층의 바닷물이 올라와 좋은 어장을 만듭니다. 영양염은 식물성 플랑크톤에게 영양분을 주고, 식물성 플랑크톤이 많아지면 동물성 플랑크톤도 풍부해지죠. 오징어 떼가 울릉도와 독도로 모여드는 것은 이 소용돌이 주변에 먹을 것이 풍부하기 때문이에요.

국립해양조사원 자료.

독도 바닷속 생태 변화

최근 독도에는 여름마다 줄도화돔, 독가시치, 파랑돔 같은 물고기가 자주 나타나요. 이런 물고기들은 따스한 바다에서 잘 살아요. 기후 변화 때문에 바닷물 온도가 점점 올라가서 그전까지는 보이지 않던 물고기들이 많아졌는지도 몰라요. 방어와 부시리 같은 물고기는 한여름부터 가을까지 독도 바다에서 작은 먹잇감을 사냥하며 자라요. 그러다 겨울이 되면 따뜻한 남쪽으로 무리 지어 옮아가요. 독도 바다는 계절에 따라 다양한 물고기 떼가 나타나기도 하고 떠나기도 하는 아름다운 곳이에요.

독도의 샘터, 물골

독도가 우리 땅이라는 증거는 여러 가지가 있어요. 특히 우리나라 사람이 실제로 살고 있다는 사실은 매우 중요해요. 독도의 서쪽 섬에는 물골이라는 곳이 있어요. 빗물이 독도의 거친 돌 아래로 흐르다 모인 샘터지요. 옛날부터 독도를 지키던 사람들과 어부들에게 생명의 물을 주던 곳이랍니다.

독도 강치

《조선왕조실록》같은 오래된 역사 기록을 보면 독도 주변에 강치가 많이 살았다고 해요. 그런데 오래전 일본인들이 마음대로 강치를 마구 잡았어요. 강치의 몸에서 짠 기름과 가죽을 얻기 위해서였지요. 가죽으로는 가방과 허리띠를 만들고 고기는 가축의 먹이로 썼어요. 나중에는 신기한 강치의 모습을 구경거리로 삼으려고 동물원에도 팔았고요. 1975년까지는 강치를 보았다는 사람이 있었지만, 그 이후로는 아무도 없습니다.

슬슬 삼형제굴바위로 가 볼까?
이곳은 수심이 얕고
넓은 자갈밭이 여러 군데 있어.
물살이 세지 않고 따뜻해서
어린 물고기들이 놀기에 딱 좋아.
몸집이 작고 어린 줄도화돔이며
홍바리, 갈돔, 가막베도라치…….
군소와 예쁜 갯민숭달팽이도 만나고.

마침 지나가는 망상어를 만났어. 그동안 소식이 궁금했지.
"언제쯤 알을 낳을 예정이오?"
"혹돔 영감님, 저희는 알을 안 낳아요. 어미 배 속에 알을 품고 있다가
새끼가 태어나고 몇 달 키운 다음 바깥세상으로 내보내요."
"아차, 물고기라고 해서 모두 알을 낳는 건 아니지."
나는 다시 힘차게 헤엄쳐 갔어.

그때 줄도화돔이 곁에 따라오더니 냉큼 이러는 거야.
"영감님, 좋은 엄마만 있다고 다 되는 건 아니에요.
제주도 연안에 사는 우리 아빠는 입에 알을 넣어 보호하는걸요.
새끼들이 나올 때까지 아빠 입안에서
안전하게 자라게 하는 거예요."

"우리는 숨바꼭질 작전을 써요!"
어린 물고기 떼 중 누가 말했어.
감태, 대황, 미역, 모자반이 가득한
아름다운 바다 숲은 먹을 것도 많고,
보금자리로 삼거나 숨을 만한 곳이 많지.
몰래 알을 낳아 지킬 수 있고
잡아먹히기 전에 몸을 숨길 수도 있어.
물론 신나는 놀이터도 되고.

독도 바다 숲의 자랑거리인 바다 풀과 산호를 알려 줄게.
그건 바로 대황, 감태, 해송!
나를 따라 독립문바위 쪽으로 가 보자.
커다란 대황 숲은 독도와 울릉도에서만 볼 수 있어.
물빛 아래 이리저리 흔들리는 밝은 갈색 바닷말이 보일 거야.

이곳은 크고 작은 암반이 많고 울창한 대황 숲이 발달했어.
몸집이 큰 혹돔 친구들의 집도 몇 있고.
놀래기며 말쥐치, 돌돔, 능성어, 볼락 등 다양한 물고기가 살아.
독립문바위 아래 작은 굴을 지나면 감태와 대황으로
빽빽한 숲이 나타나.
커다란 노무라입깃해파리가 지나가면
그 뒤를 말쥐치들이 쫓아가곤 하지.

독도의 바다 숲

대황은 아이오딘, 칼륨 등 영양소가 풍부해서 건강에도 좋아요. 울릉도 사람들은 대황을 잘게 썰어 밥을 지을 때 넣기도 하고 반찬으로도 먹어요. 최근에 과학자들은 대황에서 암을 막고 병을 치료하는 물질을 발견했어요.

부채뿔산호와 같은 산호류 덕분에 독도의 바다 숲은 더욱 아름다워요. 독립문바위나 혹돔굴의 천장 같은 암초에 붙어 사는데, 분홍빛에서 붉은빛까지 고운 빛깔의 나뭇가지 모양 촉수가 있어요. 바다의 꽃이라 불리지만 사실은 촉수로 먹이를 잡아먹는 동물이랍니다.

해송은 소나무 가지처럼 생긴 산호류입니다. 해송은 국가 지정 해양 보호 생물일 만큼 귀하답니다. 우리나라에서는 제주도와 울릉도, 독도의 깊은 바다에서만 만날 수 있어요. 아름다운 해송은 줄기를 말리면 아주 단단해집니다. 값비싼 장신구를 만들기 위해 해송을 마구 채취한다면 영원히 사라질지도 몰라요.

감태를 잘 관찰하면 바다 환경의 변화를 알 수 있어요. 기후 변화가 바다 생물과 환경에 어떤 영향을 끼치는지, 해조 숲을 보호하려면 어떻게 해야 할지 알아내는 데 아주 중요한 자료가 되지요. 또 소라와 전복은 물론 다양한 해양 생물의 먹이가 되기 때문에, 감태는 독도 생태계의 든든한 바탕이라 할 수 있습니다.

독도새우라는 이름을 들어 본 적 있나요?
독도새우류는 혹돔이 사는 곳보다 훨씬 깊은 바다에서 살아요. 바닷속 수백 미터 아래에 살기 때문에 혹돔과 마주칠 일은 거의 없어요.

도화새우

가시배새우

도화새우는 알에서 태어났을 때는 수컷이에요. 그러다가 세 살쯤 되면 점차 암컷으로 변합니다. 다 자란 도화새우는 모두 암컷이에요. 가시배새우도 마찬가지고요. 가시배새우는 배에 단단한 가시를 갖고 있어요. 최근 자주 보이는 어류인 붉바리도 암수가 바뀐답니다. 암컷이 30~40센티미터 정도로 자라면 수컷으로 변합니다.

독도새우의 한 무리이자 도화새우의 친척인 물렁가시붉은새우도 수컷으로 태어났다가 암컷으로 변해요. 암컷이 되어 알을 많이 낳아야 살아남는 새우가 많아질 테니까요.

물렁가시붉은새우

새끼를 보호하라

볼락은 난태생 어류입니다. 수정된 알을 배 속에서 부화시킨 뒤 밖으로 내보낸답니다. 망상어와 인상어는 수정된 알을 배 속에서 부화시켜, 새끼를 일정 기간 키운 후 어느 정도 자라면 밖으로 내보내는 태생 어류입니다.

수컷이 알을 지키는 물고기도 있어요. **쥐노래미**는 암컷이 낳은 알 덩이를 바위나 해조류에 붙이는데, 수컷 쥐노래미가 새끼들이 알에서 나올 때까지 지킨다고 해요.

자리돔은 바위에 알을 낳아 붙이고 수컷이 보호합니다.

해녀바위 쪽으로 가면 다른 곳보다
파도가 약해져.
수심이 얕고 절벽으로 둘러싸여 있고
바닥엔 군데군데 작은 모래와 자갈이 있어서
녹색 정원이라 불릴 만큼 아름다운 곳이야.

여기도 갯녹음이 생길 때가 있었어.
지금은 또 달라. 바다풀이 다시
잔뜩 자라고 있거든!
"둥근성게야, 별일 없었니?"
내가 물었어.
"헤헤, 별불가사리한테 잡아먹힐 뻔했고
먹을 만한 바다풀도 적었지만, 괜찮아요.
이렇게 혹돔 영감님과 다시 만났잖아요."

감태 잎이 사그러지거나 다시 돋아나 무성해지거나
이렇게 풍경이 변할 때면 나는 생각해.
나도 나이가 들고 바다도 변하는구나 하고.
그래도 바다 숲 산책은 언제나 즐거워.

오, 저쪽에 이상한 물고기 보이니?
눈알이 여러 개야! 저들은 카메라라고 부른다더군.
저 생물은 부레를 입고 다녀.
"안녕? 사람!"
저들은 여기저기 촬영을 하고 뭔가를 열심히 적기도 해.
내 머리에 혹이 자라기도 전,
아주 어릴 때부터 자주 봤지.

하루가 서서히 저물어 가.
이제 선착장 쪽으로 가 볼까.
머리 위로 찰랑대는 바다 위를 봤어.
"갈매기야, 안녕!"
봄이면 갈매기는 바위 섬 전체를
알터로 만들곤 해.
바위가 온통 하얗게 보일 정도로.
배에서 내리는 사람도 잔뜩 있어.
웃고, 사진 찍고, 만세 부르고.
독도는 물속이나 물 밖이나
와글와글 시끌벅적 풍요로운 곳이야.

과학자들은 바다 밑을 어떻게 살펴볼까요?

수중 과학 잠수를 위해서는 여러 가지 물건이 필요해요. 우선 물속에서 편히 숨 쉴 수 있게 도와줄 공기통과 호흡기 등이 필요해요.

촬영을 하려면 수중 카메라와 때로는 수중 스쿠터도 필요합니다. 과학자들은 직접 관찰한 사실과 찍어 온 영상을 분석하면서 바다를 잘 가꾸기 위한 연구를 합니다.

후드, 호흡기, 스노클, 수경, 부력 조절기, 수중 카메라, 공기통, 다이빙 컴퓨터, 잠수복, 게이지 (압력계, 나침반), 부츠, 오리발, 수중 스쿠터

물고기는 왜 부레가 있어요?

부레는 마치 풍선껌을 불면 생기는 얇은 공기 주머니처럼 생겼어요. 부레 안에 공기를 넣으면 위로 떠오르고, 반대로 공기를 빼면 몸을 아래로 가라앉힐 수 있어요. 어떤 물고기들은 부레를 이용해 숨을 쉬거나 소리를 내기도 해요. 쥐노래미나 넙치는 부레가 없어서 몸을 움직여 헤엄치다가 금방 바닥에 다시 가라앉아요. 그물베도라치도 바닥에 붙어서 기어다니며 먹이를 찾아요. 부레가 필요 없지요.

그물베도라치

섬 전체가 천연기념물

독도는 바다제비, 슴새, 괭이갈매기의 번식지예요. 화산 폭발로 생겨난 독도는 돌섬인데도 귀한 식물이 자라고 독특한 생태계가 유지되지요. 특히 울릉도와 독도 바위에 붙어 자라는 해국이 유명해요. 흙도 많지 않고 물도 부족한 바위에 붙어서 거친 바람에 맞서 고운 꽃을 피우기 때문이지요. 독도는 황금 어장이라고 불릴 만큼 해양 생물이 다양할 뿐 아니라, 천연가스 같은 지하자원도 풍부해요. 이런 이유로 우리나라는 독도 전체를 독도 천연 보호 구역(천연기념물)으로 지정해서 보호하고 있어요.

독도의 밤을 밝히는 사람들

독도 경비대는 낮은 물론 밤에도 독도를 지킵니다. 우리나라 경찰인 독도 경비대가 주민의 안전을 책임지고 독도를 지키는 것은, 독도가 우리 땅이라는 사실을 분명히 보여 줍니다. 그뿐이 아니에요. 군인도 독도를 지켜요. 하늘에는 공군이, 바다에는 해군이 있지요. 또 독도에 관한 여러 가지 법이 있고 그 법을 따라요. 예를 들어 섬 전체를 독도 천연 보호 구역(천연기념물)으로 정한 것처럼요. 그 밖에 등대, 경비대 숙소, 선착장, 기념석 같은 여러 시설물을 세우고 사용하고 있어요. 무엇보다 확실한 것은 우리 주민이 독도에 살고 있다는 사실입니다. 우리나라에서 가장 먼저 아침을 맞이하는 사람들이요.

독도에 밤이 찾아왔어.
동도 서도 한 바퀴를 다 둘러봤으니 이제 슬슬 보금자리로 돌아갈까?
내가 부숴 먹은 조개껍데기가 흩어져 있는 게 보이지?
그러면 혹돔굴에 다 온 거야.
굴에 들어가기 전에 헛기침 대신 크게 한 번 흠흠, 외치지.
"볼락들아! 이제 일어나렴."
"영감님, 독도 한 바퀴는 다 도셨어요? 이제 저희가 나가 볼게요."
개볼락 무리는 낮에는 쉬고 밤에 활발하게 움직여.
밤에는 자고 낮에 움직이는 나와 반대야.
그래서 굴 하나를 사이좋게 나눠 쓸 수 있어.
볼락, 개볼락 무리가 우르르 바깥으로 헤엄쳐 갔어.

나는 굴에 들어가 편안하게 자리를 잡았어.
지느러미에 검은 점이 있던 어린 시절이 지나고 나서는
나의 아늑한 밤을 책임져 준 곳이지.
미역치와 군소도 고된 하루를 마무리하고 쉬려나 봐.
감태 뿌리에 몸을 기대는 걸 보니.
내가 잠들어도 독도의 밤은 평화롭고 안전해.
밤을 밝히는 해양 생물이 있고
바다 위 독도 경비대가 있기 때문이지.
그들은 캄캄한 바다 위에 별처럼 빛나고 있단다.
나의 하루가 끝났으니 이제 자야지.

이토록 아름다운 독도의 주인은 누구일까?
바로 너야! 그리고 나.
가꾸고 지키는 우리가 주인이야.
우리 땅 우리 바다에 가장 먼저 해가 떠
새로운 내일을 열어 줄 독도야, 안녕!

인터뷰

" 물고기 박사
명정구에게
혹돔이 묻다 "

안녕하시오! 명 박사.
오랜 세월 만나 온 사이라 마치 친구 같군. 나는 날마다 규칙적으로 독도 한 바퀴를 산책하지. 당신도 빠뜨리지 않는 하루 일과가 있다며?

젊었을 때부터 날마다 달리기를 해 왔지. 사람 나이로 할아버지이지만 여전히 물속 세상을 연구하고 싶거든. 수중 조사 장비들과 무거운 공기통을 짊어지고 바다에 들어가려면 튼튼해야 해.

이제 슬슬 그만두고 쉬어도 되지 않아?

바다를 연구하는 일은 멈출 수가 없어. 뒤이어 우리 바다를 지키고 알아 나갈 과학자들에게 물려줘야 할 것도 많고. 어떤 과학자라도 직접 관찰하고 연구하지 않으면 변화하는 바다를 이해하기 어려워. 산호초 열대 바다부터 우리 바다 구석구석까지 평생 바닷속을 다녔지만 아직 할 일이 많아.

언제부터 그렇게 바다와 물고기에 관심을 갖게 되었나?

나는 바닷가 도시 부산에서 태어나 자랐어. 어린 시절 추억이 온통 물 반, 고기 반이야. 낙동강에서 붕어를 낚고 영도 바다에서 물고기를 잡고……. 어느 날 삼촌이 말하기를 갯벌에서 뛰어다니는 물고기가 있다는 거야. 내 눈으로 확인하고 싶어서 직접 가 봤지. 팔딱팔딱 뛰는 망둥어(말뚝망둑)를 보고 얼마나 신기하던지! 우리 엄마는 어린 내 손을 잡고 극장에 데려가 주셨어. 거기서 바다 밑 세계와 해저 생물에 관한 다큐멘터리를 봤는데 그 감동을 잊을 수가 없어. '아, 바닷속 세상을 직접 보면서 연구하는 해양 생물학자가 되고 싶다!'
이런 꿈이 생겼지.

내가 사는 독도 바닷속을 드나든 지도 꽤 오래되었지?

햇수로 20년도 넘었지. 물고기를 비롯한 바다의 주인들과 그들의 마을 환경에 대해 알고 싶어서야. 알게 된 것을 기록으로 남기고 퍼뜨려야 하니까 독도 연안의 수중 생태 지도를 그리고, 물고기 도감도 만들고 했지. 그래야 바다 생물과 자원을 이해하고 보호할 수 있거든.

독도에 관한 책은 이미 여러 권이 나와 있는 걸로 아네. 하지만 이번처럼 바닷속 나의 친구들 이야기는 드물었지.

지구의 대부분은 물, 그러니까 바다가 차지하고 있잖은가? 그런데도 사람들은 곧잘 바다의 중요성을 잊곤 해. 특히 해양 생물과 그들이 이룬 바닷속 생태계에 대해서는 아직 더 알아야 할 것이 많아. 이 기회에 사람들이 독도의 바닷속과 물 아래 사는 많은 생물에 더 관심을 기울이면 좋겠어.

명정구 박사는 우리나라 바다 구석구석에 공기통을 메고 들어가 물고기를 관찰하고 연구하는 일을 평생 해 왔어. 말 그대로 물고기 박사님이라 할 수 있지. 1994년부터는 호주, 미국, 말레이시아, 마이크로네시아, 갈라파고스 등 전 세계 바닷속에 들어가 물고기들이 어떻게 사는지 관찰했어. 책도 많이 썼지. 바다를 연구했던 세월을 통틀어 가장 정이 든 곳은 독도 바다라고 할 수 있어. 독도 바다만 25년을 드나들었거든. 그러니 이웃집처럼 훤히 잘 알지 않겠어? 혹돔 영감과 친구가 된 지도 꽤 오래되었어. 그래서 혹돔 영감이 하루 종일 어디를 가는지 아주 잘 알고 있어. 명정구 박사 덕분에 이 책이 나올 수 있었지.

바다와 해양 생물에 관한 연구를 많이 하고 그걸 책으로 썼다고 들었어. 내가 주인공인 이 책이 마음에 쏙 드는데 말이야, 일부러 어린이를 위해 책을 만든 까닭이 있나?

어린 시절 종일토록 헌책방 골목을 뒤지고 다닌 적이 있어. 바닷가에서 본 신기한 물고기 이름이 궁금해 죽겠는데, 알 도리가 없었거든. 나처럼 바다와 해양 생물에 대해 궁금해하는 어린이가 있다면 도움을 주고 싶어. 지구의 많은 부분을 차지하는 바다와 해양 생물을 알면 알수록 지키고 싶은 마음도 더 커지지 않겠어?

독도에 대해, 특히 독도의 바닷속 생물을 알면 알수록 사랑하게 된다는 거지? 우리가 지구의, 바다의, 독도의 주인이니까 말이야. 가꾸고 지키는 자가 주인!

지은이 명정구

1955년 부산에서 태어나, 바닷속이 궁금해서 수영을 독학할 만큼 물고기를 좋아했어요. 평생 바닷물고기를
연구하고 싶어 1977년부터 잠수를 시작했어요. 어릴 적에 물고기에 대해 알려 주는 책이 없어 답답했던 기억 때문에
물고기와 바다를 다룬 책을 많이 썼어요.
《바닷물고기 도감》,《꿈의 바다목장》,《물고기 박사가 들려주는 신기한 바다 이야기》,《바다의 터줏대감, 물고기》,
《울릉도, 독도에서 만난 우리 바다생물》,《우리 바다가 품은 온갖 이야기》등 책 40여 권과 논문 100여 편을 썼는데,
특히 롯데출판문화대상을 받은《한반도 바닷물고기 세밀화 대도감》은 20년 넘게 쓴 우리 바다 어류에 대한 형태,
생태 등 정보를 정리, 종합한 책이랍니다.

지은이 안미란

열여섯 살 때 수학여행에서 난생처음 바다를 봤어요. 그때 본 아름다운 바닷가 도시, 부산에서 어린이책을 쓰고
있습니다. 울릉도까지는 몇 번 가 본 적이 있지만, 독도는 아직 못 가봤어요. 꽤나 멀지만, 마음에는 늘 가까운
그곳에 언젠가 꼭 가 보고 싶어요. 지은 책으로《두 발 세 발 네 발》,《그냥 씨의 동물 직업 상담소》,
《희망을 쏘아 올린 거북선》등이 있어요.

그린이 이승원

바다가 좋아서 우리나라 남쪽 끝 제주도에 삽니다. 여름이면 종종 얕은 바다에서 스노클링을 하며 물고기 떼를
구경하곤 해요. 독도 바다에는 직접 들어갈 수 없지만 독도 바닷속 탐구 영상을 수없이 보며 이 책에 그림을 그렸고,
혹돔과 함께 독도 바다 숲을 산책하며 잘 알지 못하던 바다 생물들과 친구가 되었습니다.
그동안 쓰고 그린 책으로《영등할망 제주에 오다》,《삐이삐이, 아기 오리들이 연못에 살아요》,《새들아, 뭐하니?》,
《경복궁》이 있고, 그린 책으로《나는 매일 밥을 먹습니다》,《둥지상자》,《소원을 말해 봐》,《이야기 귀신》등이 있어요.

참고 문헌

국토해양부 국토지리정보원, 《독도지리지》, 국토지리정보원, 2009.
김윤배·김성수, 《하늘에서 본 울릉도와 독도의 해양영토》, 지성사, 2017.
김윤배·민원기·명정구, 《울릉도·독도의 바다 생태계》, 지성사, 2018.
노현수 외, 《독도의 바다》, 한국해양과학기술원 독도전문연구센터, 2015.
명정구 외, 《수중생태지도》, 한국해양과학기술원 동해연구소, 2019.
명정구 외, 《세밀화로 본 독도의 어류 생태도감》, 한국해양과학기술원 동해연구소, 2020.
명정구·노현수, 《울릉도, 독도에서 만난 우리 바다생물》, 지성사, 2013.
박지환, 《괭이갈매기도 모르는 독도 이야기》, 한겨레아이들, 2018
손민호 외, 《Korean Island Dokdo – 독도, 그 바닷속에는》, 해양생태기술연구소, 2021.

독도종합정보시스템
https://www.dokdo.re.kr

초판 1쇄 발행 2023년 12월 22일 **초판 4쇄 발행** 2024년 10월 25일 **지은이** 명정구, 안미란 **그린이** 이승원 **펴낸이** 권은수 **펴낸곳** 도서출판 봄볕
만듦 박찬석, 장하린 **꾸밈** 윤현이 **가꿈** 성진숙 **알림** 강신현, 김아람 **살림** 권은수 **함께 만든 곳** 피오디 북, 가람페이퍼
등록 2015년 4월 23일 제25100-2015-000031호 **전화** 02-6375-1849 **팩스** 02-6499-1849 **전자우편** springsunshine@naver.com
블로그 http://blog.naver.com/springsunshine **인스타그램** @springsunshine0423 **ISBN** 979-11-93150-22-1 74400, 979-11-93150-21-4 74400(set)
ⓒ명정구, 안미란, 이승원, 2023

*책값은 뒤표지에 적혀 있습니다. *봄볕은 올마이키즈와 함께 어린이를 후원합니다. *이 책은 콩기름을 이용한 친환경 방식으로 인쇄했습니다.
*KC마크는 이 제품이 공통안전기준에 적합함을 의미합니다. *이 책은 저작권법에 따라 보호받는 저작물이므로 무단 전재와 복제를 금합니다.
*이 책은 해양 과학 문화의 대중화를 위해 도서출판 봄볕과 한국해양과학기술원이 함께 기획하고 제작하였습니다.

개볼락

범돔

용치놀래기(수컷)

흰줄망둑

자리돔

비늘베도라치

용치놀래기(암컷)

노랑거북복

벵에돔

돌돔

인상어

방어, 부시리

두갈래민꽃게

볼락

돌기해삼

능성어